Werner Färber

Bildermaus

Geschichten aus der Schule

Illustrationen von Klaus Puth

Loewe

Die Deutsche Bibliothek – CIP-Einheitsaufnahme

Bildermaus-Geschichten aus der Schule / Werner Färber.
Ill. von Klaus Puth.
– Bindlach : Loewe, 2001
(Bildermaus)
ISBN 3-7855-3869-3

Der Umwelt zuliebe ist dieses Buch
auf chlorfrei gebleichtem Papier gedruckt.

ISBN 3-7855-3869-3 – 1. Auflage 2001

In anderer Ausstattung bereits 1997 beim Verlag erschienen.
Umschlagillustration: Klaus Puth
Reihengestaltung: Angelika Stubner

www.loewe-verlag.de

Inhalt

Der erste Schultag

Gespannt sitzen die 

auf ihren . Jedes  hat

eine bunte  und eine

neue . Da ist alles drin,

was man in der 

braucht.

Die  schauen zur 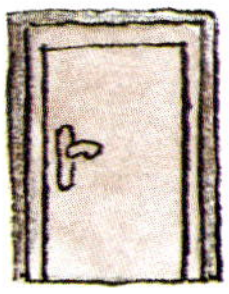.

Wer wird sie unterrichten?

Plötzlich geht die  auf. Das muss die  sein. „Hallo, !“, sagt die . Sie ist nicht sehr groß. Sie hat einen bunten  auf und eine  in der .

Sie trägt eine  und sieht

fröhlich aus. „Ich bin eure .

Wollt ihr raten, wie ich heiße?“,

fragt sie. „Ja!“, rufen die .

Die lustige  nimmt eine 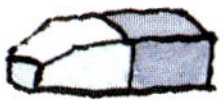

und malt einen großen 

an die . „Heißt du vielleicht

 ?“, fragt Ines. „Nein“, sagt

die lustige  und malt weiter.

Zwei kleine 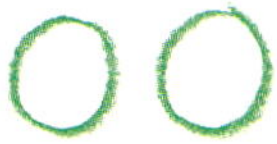 für die ,

ein schmales  für die 

und einen großen lustigen .

„Heißt du ?“, fragt Anusch.

Die lustige  schüttelt lachend

den . „Frau Lustig“, schlägt

Max vor. „Fast, gleich habt ihr es!“,

ruft die lustige . „Heißt du

vielleicht Frau Fröhlich?“, fragt Kathi.

„Gut geraten“, sagt Frau Fröhlich.

Dann nimmt sie ihre  und

spielt den  etwas vor.

Die sind froh, dass sie von der

lustigen  unterrichtet werden.

Wie im Zoo

„Wer kann morgen einen 
mitbringen?“, fragt die lustige .

„Ich!“, rufen drei  auf einmal.

„Na gut, dann haben wir eben
drei “, sagt Frau Fröhlich.

„Ich habe weiße . Darf ich
die auch mitbringen?“, fragt Anna.

„Meinetwegen“, antwortet die  .

„Und ich mein  !“, ruft

Simone. „Dann will ich aber auch

was mitbringen“, ruft Kordian.

„Was denn?“, fragt die lustige  .

„Meine  “, antwortet Kordian.

„Bringt mit, was ihr wollt. Wenn es nur vier  hat“, sagt die  .

„Gelten  auch?“, fragt Melanie.

Auch damit ist Frau Fröhlich

einverstanden. Oliver kratzt sich

nachdenklich am . „Was ist,

Oliver?“, fragt die lustige .

„Ich weiß nicht, ob ich Benny

mitbringen kann. Er ist ziemlich

groß“, sagt Oliver. „Er wird ja wohl

durch die 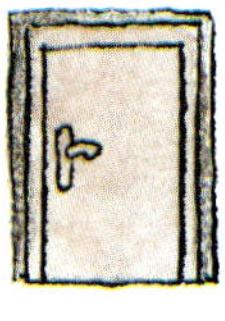 passen“, sagt die

lustige . Oliver nickt.

Tags darauf schlägt die lustige 

lachend die   zusammen.

Die  haben drei 

und vier weiße  mitgebracht.

Kordian hat seine  dabei.

Melanie hat ihren  in einer

großen 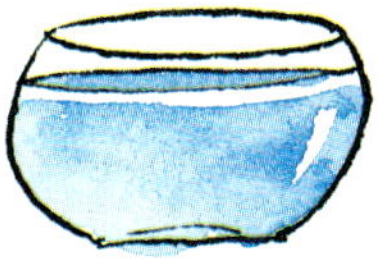 mitgebracht.

Und eine  spaziert langsam

über die lange .

„Wo ist eigentlich Oliver?“, fragt

Frau Fröhlich. Die  wissen es

nicht. Da klopft es an die  .

„Wir sind leider ein wenig zu

spät“, sagt Oliver. „Aber Benny

hat auf dem  getrödelt.“

„Jetzt bin ich aber gespannt auf deinen Benny“, sagt die lustige . „Er hat vier   und passt durch die 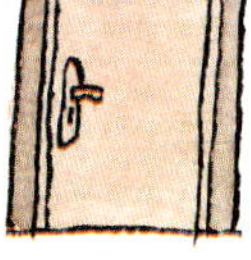“, sagt Oliver.

„Mit einem  habe ich nun

wirklich nicht gerechnet!“, sagt

die lustige  und lacht.

Willi muss ins Krankenhaus

Max wirft den nassen 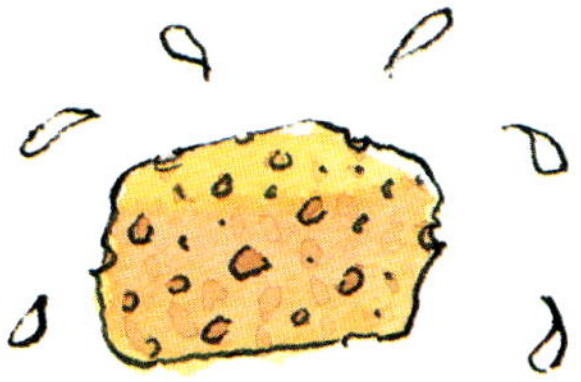

nach Willi. Er trifft aber Kathi.

Die 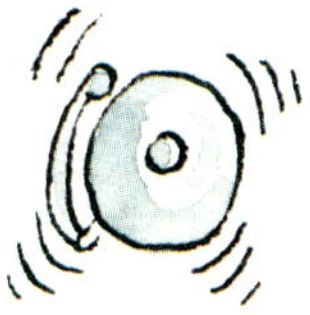 hat längst geläutet.

Die  toben ausgelassen.

Wo bleibt nur Frau Fröhlich?

Sie ist sonst immer pünktlich.

Goran stürzt zur  herein.

„Sie kommt!“, ruft er. Willi rennt

schnell zu seinem 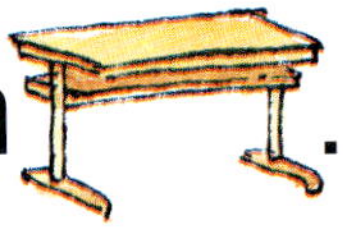. Er stolpert

über seine . Alle 

und  fallen heraus.

Auch das  und das .

Willi stürzt gegen einen  .

„Aua, mein 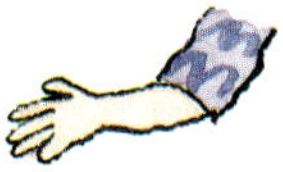 !“, schreit er.

Die lustige  kommt herein.

Sie geht sofort zu Willi und schaut

sich seinen 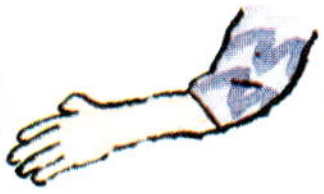 genau an.

„Ich glaube, der ist gebrochen“,

sagt sie. Willi fängt an zu weinen.

„Jana, lauf schnell zum  .

Wähl 112 und ruf einen  “,

sagt Frau Fröhlich. Sie streicht

Willi tröstend über den  .

Wenig später wird Willi auf

einer  hinausgebracht.

„Wir kommen dich besuchen!“,

ruft ihm die lustige  hinterher.

Die anderen  sollen

morgen alle eine  mitbringen.

Tags darauf besuchen sie Willi mit

einem bunten  im .

Willi liegt im 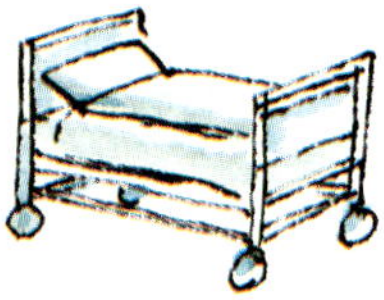. Sein 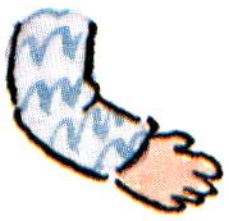 tut

überhaupt nicht mehr weh.

Er hat einen 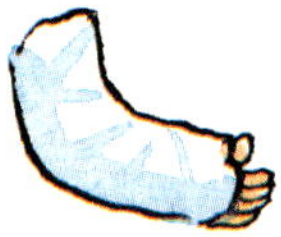 bekommen.

Damit Willi nichts verpasst,

unterrichtet Frau Fröhlich im .

Das finden alle lustig. Nur die 

und der  meinen, dass es ein

bisschen eng ist. Aber ab morgen

darf Willi sowieso schon wieder

zur 

gehen.

Frau Fröhlich räumt auf

Frau Fröhlich öffnet ihren  .

Eine hässliche  und eine

alte  fallen ihr entgegen.

Sie zerspringen in tausend  .

„Der  ist viel zu voll. Ich

muss endlich mal was wegwerfen“,

sagt die lustige  .

Sie saugt mit dem  die 

auf. Dann holt sie eine  und

fängt an den  auszuräumen.

Zunächst nimmt Frau Fröhlich

ein kleines  in die .

Das  hat sie mal von Sabine

bekommen. Sabine hat es aus

alten  gebastelt. Nein,

das kann sie nicht wegwerfen.

Und da ist ja Willis  aus

 und .

Oder soll es eine  sein?

Marens  liegt auch noch

im . Die lustige  hat

immer noch keinen schönen 

gefunden, um es aufzuhängen.

Und das  von Anna ist auch

noch da. Wie hübsch die 

aus weißen  sind. Ein bisschen

verstaubt, aber viel zu schade

um das  wegzuwerfen.

Die lustige  räumt den

ganzen 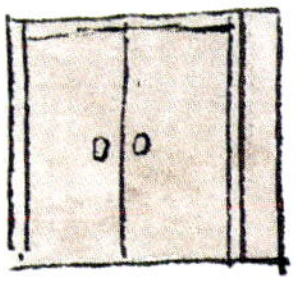 leer und macht

ihn gründlich sauber.

Dann räumt sie alles wieder ein.

Nachdem die  und die 

weg sind, ist der 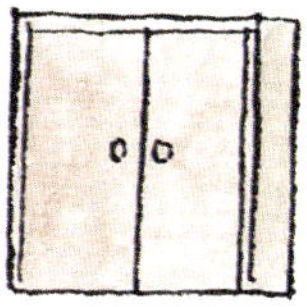 eigentlich

gar nicht mehr so voll.

Die Wörter zu den Bildern:

Kinder

Stühle

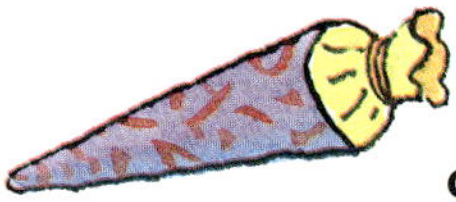
Schultüte

Schultasche

Schule

Tür

Lehrerin

Rucksack

Gitarre

Hand

Brille

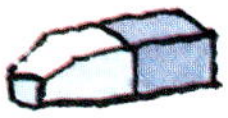
Kreide

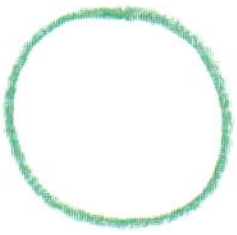
Kreis

Tafel

Fußball

Augen

Dreieck

Nase

Mund

Strichmännchen

Kopf

Hamster

Mäuse

Kaninchen

Katze

Beine

Flossen

Fisch

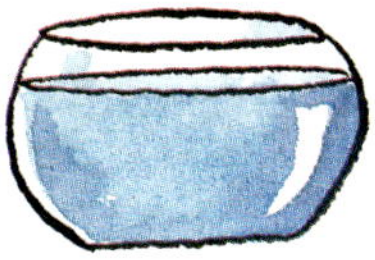
Schüssel

Schildkröte

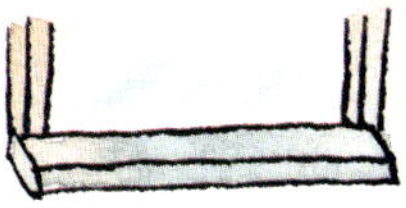
Fensterbank

Weg

Esel

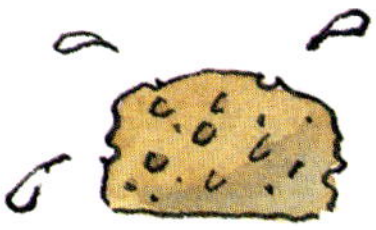
Schwamm

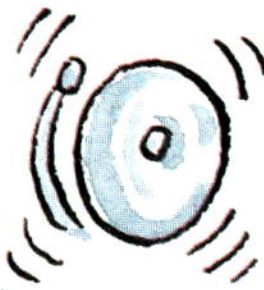

Klingel

Tisch

Hefte

Bücher

Lineal

Mäppchen

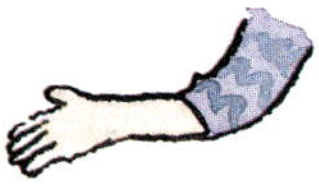

Arm

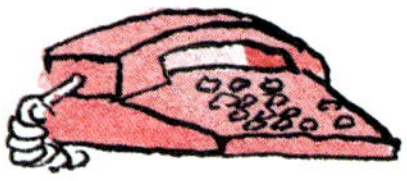

Telefon

Krankenwagen

Trage

Blume

Blumenstrauß

Krankenhaus

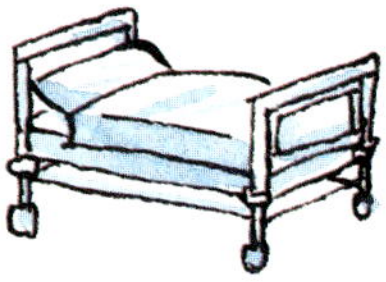

Bett

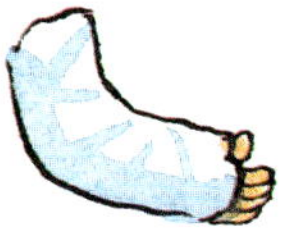

Gipsarm

Kranken-
schwester

Arzt

Schrank

Vase

Tasse

Scherben

Staubsauger

Kiste

Schiff

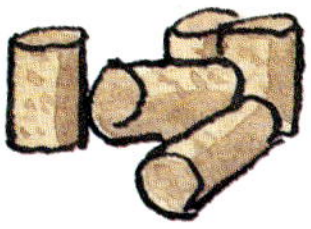
Korken

Ziege

Kastanien

Streichhölzer

Kuh

Bild

Rahmen

Mobile

Schwäne

Federn

Werner Färber wurde 1957 in Wassertrüdingen geboren. Er studierte Angelistik und Sport in Freiburg und Hamburg und unterrichtete anschließend an einer Schule in Schottland. Seit 1985 arbeitet er als freier Übersetzer und schreibt Kinderbücher.

Klaus Puth wurde 1952 in Frankfurt am Main geboren. Er besuchte die Hochschule für Gestaltung in Offenbach und arbeitete dann einige Jahre in einem Verlag für Glückwunschkarten. Seit 1989 ist er freiberuflich als Zeichner, Illustrator und Autor für verschiedene Verlage tätig. Klaus Puth lebt mit seiner Frau und seinen zwei Kindern in Mühlheim/Main.

Inhaltsverzeichnis

Vorwort

Liebe Bastelfreunde,

das Basteln mit Tonpapier und Fotokarton ist eine schöne Sache, die groß und klein bestimmt viel Freude machen wird. Die Motive habe ich bewußt so gewählt, daß auch die nicht so Geübten unter Ihnen mit Erfolg eine tolle Drehfigur herstellen können. Schon Kinder, die gut mit Schere und Kleber umgehen können, haben die Möglichkeit, ein Mobile zu basteln, wenn ein Erwachsener ihnen beim Übertragen der Motive und beim späteren Zusammennähen hilft.

Die Farben kann natürlich jeder selbst auswählen, meine Farben sind nur Vorschläge. Da das Basteln von Drehfiguren ein preiswerter Spaß ist, würden sich sicher auch Freunde über solch ein selbstgebasteltes Mitbringsel freuen.

Bestimmt ist für jeden Geschmack etwas dabei.

Jetzt wünsche ich Ihnen viel Spaß und Erfolg beim Basteln.

Ihre Erika Bock

Material und Werkzeug

- Karton für die Schablonen
- Fotokarton in verschiedenen Farben
- Tonpapier in verschiedenen Farben
- Bleistift
- schwarzer und roter Filzstift für die Konturen
- Radiergummi
- Nagelschere
- Bastelschere
- Lineal
- Klebstoff
- Nähgarn und Nadel
- Transparentpapier
- Kohlepapier
- Locher oder Lochzange
- Büroklammern
- hilfreich wäre eine Nähmaschine

Herstellung der Schablonen

Sofern im Kurztext nicht anders beschrieben, ist der Arbeitsverlauf bei allen Drehfiguren gleich. Auf jeden Fall ist es sinnvoll, immer eine Schablone zum Übertragen der Motive anzufertigen.

Dabei malen Sie zunächst das Motiv vom Vorlagebogen auf Transparentpapier ab. Dann legen Sie Kohlepapier und einen nicht zu festen Karton unter das bemalte Transparentpapier, übertragen das Motiv durch genaues Nachmalen auf den Karton und schneiden es aus.

Die fertige Schablone wird jetzt auf den gewünschten Fotokarton gelegt, nachgemalt, entlang der gestrichelten Linie umgeklappt und erneut nachgemalt.

In gleicher Weise wird nun noch ein zweites Grundmotiv angefertigt. Radieren Sie jetzt alle verbliebenen Bleistiftspuren vorsichtig weg. Legen Sie die zwei Grundmotive genau übereinander, fixieren Sie sie mit Büroklammern, und zeichnen Sie mit Bleistift eine Hilfslinie in der Mitte.

Nun können Sie die beiden Grundmotive von Hand oder mit der Nähmaschine und farblich passendem Garn entlang der Hilfslinie zusammennähen und mit Hilfe eines Lineals vorsichtig auseinanderfalten.

Das Grundmodell ist nun fertig. Jetzt werden alle weiteren im Kurztext beschriebenen Arbeitsschritte ausgeführt. Das fertige Drehbild wird dann an Bindfäden gleicher Länge, die in gleichen Abständen am oberen Motivrand befestigt werden, waagerecht aufgehängt. Schließlich können – je nach Modell – noch kleinere Motive angehängt werden.

1. Vogelgezwitscher

Material:

- blauer und roter Fotokarton
- gelbes Tonpapier
- Filzstift
- Bindfaden

Das Rotkehlchen sitzt gemütlich in seinem Vogelhaus.
Bei dieser Drehfigur wird das Grundmotiv des niedlichen Vogels nur einmal ausgeschnitten und dessen Auge ausgelocht oder aufgemalt. Jetzt kleben Sie die zwei Flügel versetzt von beiden Seiten an. Dann wird der Vogel an einem Bindfaden mittig in den Käfig gehängt, und schon ist er fertig!

2. Osterhäschen

Material:
- grüner und brauner Fotokarton
- rotes, gelbes, blaues und orangefarbenes Tonpapier
- Filzstift
- Bindfaden

Wie fleißig die Osterhasen doch beim Eierlegen sind!
Zuerst fertigen Sie aus braunem Fotokarton 4 Hasen an, deren Augen Sie auslochen oder mit dem Stift aufmalen. Setzen Sie nun die Häschen auf die Wiese, und kleben Sie sie an. Dann schneiden Sie 32 kleine Eier aus buntem Tonpapier aus und kleben sie auf den Wiesenrand auf. 8 große Eier plazieren Sie schließlich mit verschieden langen Fäden unter der Wiese.

3.
Küken mit Ei

Material:
- roter Fotokarton
- weißes und gelbes Tonpapier
- Filzstift
- Bindfaden

Die kleinen Küken sind gerade aus dem Ei geschlüpft. Schneiden Sie 8 halbe Eierschalen aus, und plazieren Sie sie am unteren Rand jeder Seite des großen Eies.

Die 4 Küken schneiden Sie zurecht und kleben ihnen dann die 8 Flügel beidseitig auf. Sobald der Klebstoff getrocknet ist, werden die Flügel etwas umgeknickt. Jetzt malen Sie die Augen auf.

Zum Schluß werden die Küken mit verschieden langen Bindfäden ans Ei gehängt.

4. Blumenkranz

Material:
- grüner Fotokarton
- blaues, rotes, gelbes und dunkelgrünes Tonpapier
- Bindfaden

Mit diesem farbenfrohen Blütenkranz wird es Sommer in Ihren vier Wänden. Jede dieser Frühlingsblumen wird 8mal ausgeschnitten. Plazieren Sie die Blumen beliebig beidseitig auf dem Blütenkranz. Die schönste Blume suchen Sie aus und hängen sie in die Mitte.

5. Schmetterlinge

Material:
- roter Fotokarton
- gelbes, grünes, schwarzes, hell- und dunkelblaues Tonpapier
- Filzstift
- Bindfaden

Ist es nicht lustig anzuschauen, wie die kleinen Schmetterlinge ihre ersten Flugversuche machen?

Fixieren Sie auf jeder Seite des großen Schmetterlings je 3 der 24 bunten Punkte so, daß sie sich ein wenig überschneiden. Bei den 4 kleinen Schmetterlingen kleben Sie die Flügel von beiden Seiten an den Körper und drücken sie etwas auseinander. Nun werden auf jedem Flügel je 2 farbige Tupfen gemäß der Abbildung gegengleich plaziert und die Gesichter aufgemalt. Durch beide Flügel der kleinen Schmetterlinge ziehen Sie schließlich den Bindfaden, um sie an dem großen Schmetterling aufzuhängen.

Herbst

6. Drachen im Wind

Material:
- pinkfarbener Fotokarton
- pinkfarbenes, blaues, gelbes und grünes Tonpapier
- Filzstift
- buntes Band
- Bindfaden

Diese lustigen Drachen fühlen sich im Herbstwind „pudel“wohl.
Damit sich diese Drachen lustig im Winde drehen, malen Sie ihnen mit schwarzem Filzstift lachende Gesichter. Schneiden Sie 8 große Schleifen aus kontrastfarbenem Tonpapier aus, und kleben Sie sie unter die gemalten Gesichter auf den Drachen.
Alle Drachenspitzen werden gelocht, so daß bunte Bänder als Schwänze daran angebunden werden können. Nun kleben Sie beliebig viele bunte, kleine Schleifen von beiden Seiten an das Band.

7. Tropfender Regenschirm

Material:
- roter Fotokarton
- blaues Tonpapier
- Bindfaden

Damit bei Regenwetter keine Langeweile aufkommt, können Sie aus rotem Fotokarton einen lustigen Regenschirm basteln.

Schneiden Sie aus blauem Tonpapier beliebig viele Regentropfen aus, kleben Sie einen Teil davon auf den Schirm, und lassen Sie je 2 mit Hilfe von Bindfäden von den einzelnen Seitenteilen des Schirms herabtropfen.

8. Reifes Obst

Material:
- roter und gelber Fotokarton
- grünes, schwarzes und beigefarbenes Tonpapier
- Filzstift
- Bindfaden

In diesen witzigen Früchtchen ist „der Wurm drin“.

Bei der Birne werden die 4 Wurmlöcher jeweils auf die linke, beim Apfel jeweils auf die rechte Seite geklebt. Den Würmern malen Sie Gesichter auf und fixieren sie wie auf der Abbildung gezeigt. Schneiden Sie 4 kleine Birnen, 2 kleine Äpfel und das Blattgrün (6mal) in entsprechender Farbe aus.

Alles Blattgrün wird am unteren Ende in der Mitte kurz eingeschnitten, wobei eine Seite von vorn und die andere von hinten angeklebt wird.

9. Pilze und Schnecken

Material:
- roter und blauer Fotokarton
- weißes Tonpapier
- Filzstift
- Bindfaden

Leisten die Schnecken den Pilzen keine herrliche Gesellschaft?

Fertigen Sie für die Pilze 24 weiße Punkte an, und kleben Sie sie auf den Pilzhut. Bei den roten Schnecken werden die Konturen mit einem schwarzen Filzstift aufgemalt.

Die 4 kleinen, blauen Schnecken hängen Sie unter die großen, roten Schnecken.

10. Igel im Herbstlaub

Material:
- grüner Fotokarton
- rotes Tonpapier
- schwarzer Filzstift
- Bindfaden

Möchten Sie sich an Igeln erfreuen, deren Stacheln nicht stechen? Mit dieser Drehfigur wird es Ihnen gelingen.

Malen Sie zuerst Stacheln und Gesichter auf die Grundmotive. Zeichnen Sie diese mit Bleistift vor, und malen Sie sie dann mit Filzstift nach. Das herabfallende Laub schneiden Sie aus rotem Tonpapier aus, malen die Faserkonturen darauf und hängen es in unterschiedlicher Höhe unter dem Igel auf.

Winter

11. Pinguine im Iglu

Material:
- weißer und schwarzer Fotokarton
- orangefarbenes Tonpapier
- Filzstift
- Bindfaden

Trotz der eisigen Kälte wagen die Pinguine einen Blick aus ihrem Schneehaus.

Schneiden Sie die 10 schwarzen Teile der 5 großen Pinguine an der gepunkteten Linie ein, heben Sie sie an, und kleben Sie sie auf die weißen Pinguinkörper des Grundmotives. Achten Sie darauf, daß die Schnäbel (5mal) zwischen die schwarzen Körperteile geklebt werden. Anschließend kleben Sie die Augen (10mal) auf und malen die Pupille mit Filzstift. Danach zeichnen Sie die Iglukonturen wie in der Abbildung gezeigt auf. Fügen Sie für die kleinen Pinguine den weißen Bauch (6mal) zwischen die 12 schwarzen Körperteile, und kleben Sie auch hier wieder die Schnäbel (6mal) an den entsprechenden Stellen dazwischen. Kleben Sie die Augen zuerst auf, und malen Sie dann die Pupillen auf. Hängen Sie schließlich die kleinen Pinguine unter dem Iglu auf.

12. Wale im Wasser

Material:

- blauer und hellblauer Fotokarton
- gelbes Tonpapier
- Filzstift
- Bindfaden

Ob einer der Wale wohl eine Muschel zu fassen bekommt?

Fertigen Sie 8 Wale aus hellblauem Fotokarton an, und kleben Sie 4 davon einseitig aufs Wasser. Bevor Sie die jeweils zweiten Wale gegengleich aufkleben, fixieren Sie je einen Wasserstrahl an den Köpfen der 4 ersten Tiere. Nun malen Sie den Walen die Augen auf. Schneiden Sie dann 8 Muscheln zurecht, zeichnen Sie das Muster darauf, und plazieren Sie anschließend die Muscheln unter dem Wasser.

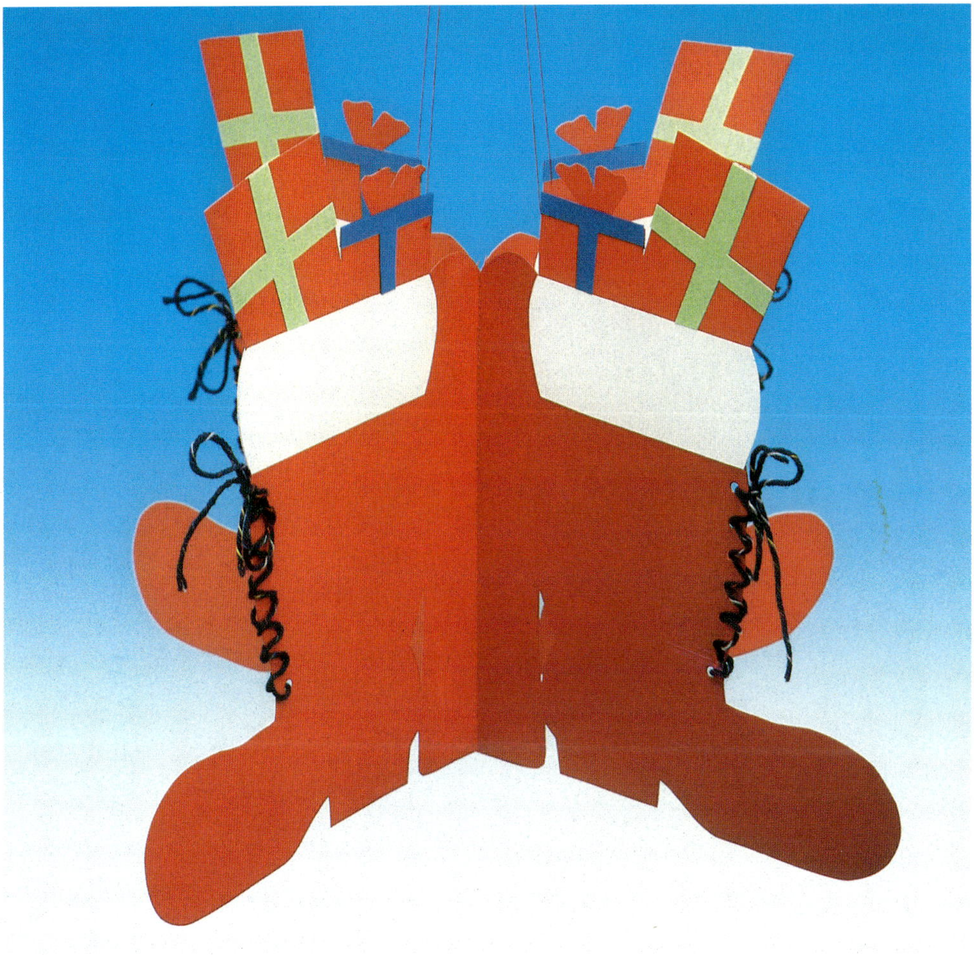

13. Nikolausstiefel

Material:
- roter Fotokarton
- weißes, blaues und grünes Tonpapier
- Wollfaden
- Bindfaden

Über solch einen gut gefüllten Stiefel freut sich ein jedes Kinderherz! In den Nikolausstiefel lochen Sie Ösen, ziehen einen schönen Wollfaden durch die Löcher und binden ihn oben zu einer Schleife. Schneiden Sie das Stiefelfell 8mal aus weißem Tonpapier aus, und kleben Sie es beidseitig auf. Setzen Sie schließlich die Geschenkbänder in farblich passendem Tonpapier auf die Geschenke auf, und kleben Sie sie beidseitig fest.

14. Weihnachtsbaum

Material:
- grüner Fotokarton
- rotes, blaues und gelbes Tonpapier
- rotes und gelbes Kreppapier
- Bindfaden

Ihr Tannenbaum wird zum Weihnachtsbaum, wenn Sie 40 Kugeln aus rotem Tonpapier anfertigen und 5 von diesen Kugeln auf jede Seite des Baumes kleben. Für jedes der 4 Päckchen schneiden Sie farbiges Kreppapier in der Größe von 4 x 3 cm zurecht und binden es in der Mitte mit dünnem Draht oder Bindfaden fest zusammen.

Fertigen Sie nun aus buntem Tonpapier Päckchen an, und nähen Sie die Kreppapierschleifen daran an.

Nun befestigen Sie die fertigen Päckchen mit Bindfäden unter dem Tannenbaum.

Tageszeiten

15. Sonnenaufgang

Material:
- blauer und gelber Fotokarton
- Filzstift
- Bindfaden

Schmunzelnd erhebt sich die Sonne aus dem dunklen Wolkenmeer.

Kleben Sie den Wolkenrand auf die Sonne, bevor Sie mit dem Nähen beginnen. Mit schwarzem Filzstift wird dann das Gesicht der Sonne aufgemalt. Die 6 kleinen Wolken werden mit Bindfaden wie in der Abbildung gezeigt plaziert.

16. Mondnacht

Material:
- blauer Fotokarton
- gelbes Tonpapier
- Bindfaden

Der kleine Mann im Mond ist den Sternen so nah, daß er sie mit Händen greifen kann.

Schneiden Sie aus gelbem Tonpapier für die 4 Monde 8 Augen aus, und fixieren Sie sie auf den Monden. Dann werden 12 Sterne angefertigt und gemäß der Abbildung entweder aufgehängt oder angeklebt.

17. Lila Lokomotive

Material:
- violettfarbener Fotokarton
- gelbes und grünes Tonpapier
- Filzstift
- Bindfaden

Wer aus einem dieser gelben Lokomotivfenster blickt, hat freie Fahrt. Bei den 4 lustigen Lokomotiven aus lilafarbenem Fotokarton werden je ein Fenster aus gelbem und ein Signalpunkt aus grünem Tonpapier von beiden Seiten aufgeklebt. Die Konturen können Sie wie auf der Abbildung mit dem Filzstift nachmalen oder nach eigenem Geschmack gestalten, vielleicht malen Sie einen Lokomotivführer auf.

18. Kreisverkehr

Material:
- schwarzer, roter, grüner, gelber, blauer und pinkfarbener Fotokarton
- grünes, gelbes, blaues und pinkfarbenes Tonpapier
- weißer Lackstift
- Bindfaden

Wenn Sie das Stoppschild beachten, kann Ihnen in diesem Kreisverkehr nichts passieren. Fertigen Sie den schwarzen Straßenkreis an, und malen Sie mit einem weißen Lackstift die Straßenmarkierung von jeder Seite auf. Schneiden Sie das Stoppschild aus, und schreiben Sie mit dem Lackstift STOP in die Mitte. Stellen Sie nun in den gewünschten Farben die 4 Autos her. Verzieren Sie sie mit jeweils 4 bunten Reifen und 4 Lampen, und hängen Sie sie wie auf der Abbildung gezeigt an den Straßenkreis.

Das Stoppschild plazieren Sie in der Mitte des Straßenkreises.
Und nun gute Fahrt!

19. Farbtopf mit Pinseln

Material:
- blauer, roter und gelber Fotokarton
- gelbes Tonpapier
- Bindfaden

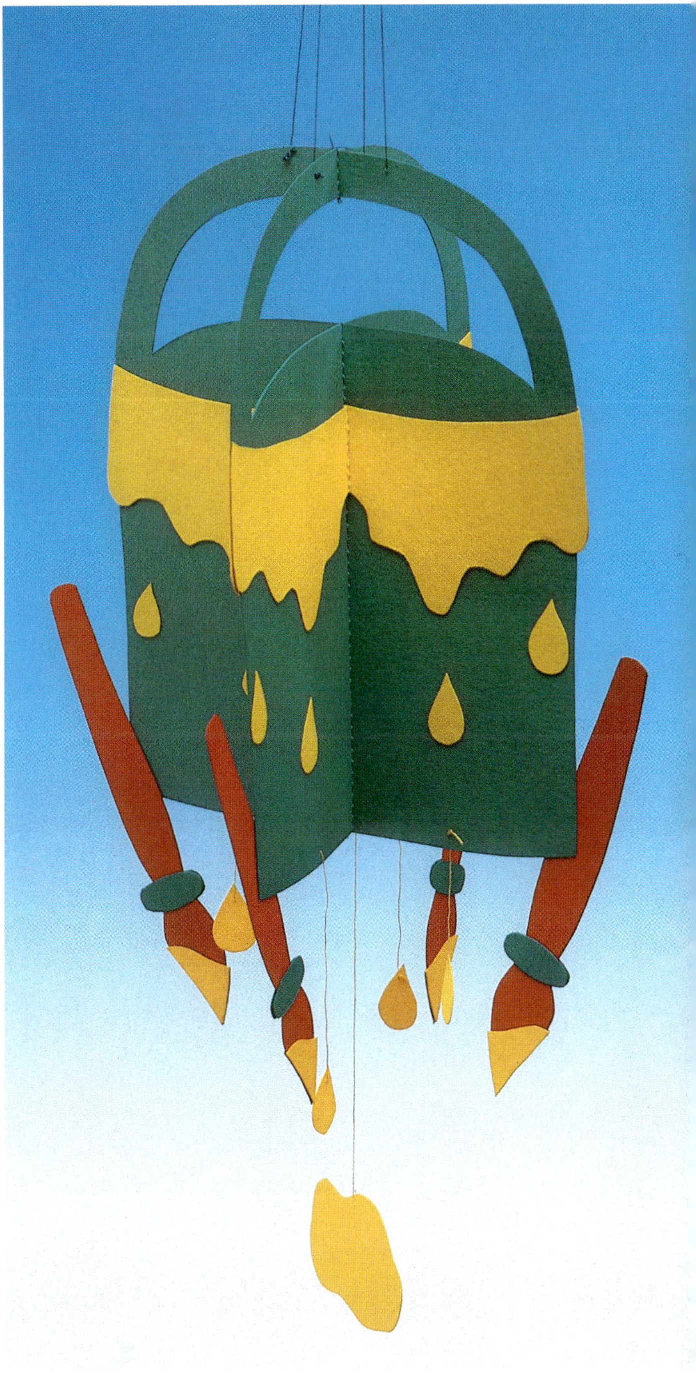

Hier hat der Maler wohl etwas zu viel Farbe in seinen Topf getan, so daß sie munter daran heruntertropft.

Bei diesem Farbtopf werden die gelben Kleckse aus Tonpapier, alle anderen Teile aus Fotokarton hergestellt. Die herunterlaufende Farbe wird bereits vor dem Zusammennähen angeklebt. Fixieren Sie dann auf den 4 Pinseln zuerst von beiden Seiten die gelbe Farbe, und kleben Sie anschließend die 8 Streben gegengleich darauf an.

Die fertigen Pinsel werden nun an den unteren Ecken des Farbtopfes angebracht und die kleinen Kleckse ganz nach Wunsch auf den Farbtopf aufgeklebt. Vier kleine Kleckse hängen Sie schließlich mit Bindfaden unter den Farbtopf und einen großen in deren Mitte.

20. Ballspiel der Teddys

Material:

- gelber, roter, blauer und grüner Fotokarton
- gelbes, rotes, blaues und grünes Tonpapier
- Filzstift
- Bindfaden

Ob die zierlichen Teddys an diesem riesigen Ball wohl ihre Freude haben? Schneiden Sie 8 lustige Teddys in verschiedenen Farben aus Fotokarton aus, und malen Sie mit Filzstift die Gesichter auf. Nun wird jedem Teddy ein Herzchen (16mal) in kontrastfarbenem Tonpapier auf Vorder- und Rückseite aufgeklebt. 4 dieser lustigen Gesellen werden am Ballrand aufgeklebt, und der Rest hängt lustig daran herab.

21. Fischschwarm

Material:
- blauer Fotokarton
- rotes, gelbes, violettes, orangefarbenes, pinkfarbenes, grasgrünes und lindgrünes Tonpapier
- schwarzer Filzstift
- Bindfaden

Schauen Sie, wie munter sich die bunten Fische im Wasser tummeln! Schneiden Sie für dieses Modell insgesamt 16 kleine und 4 große Fische nach der Vorlage aus buntem Tonpapier aus, und malen Sie ihnen mit schwarzem Filzstift die Gesichter auf. Plazieren Sie jeweils 2 kleine Fische auf einem Motivviertel. Die großen Fische werden in verschiedenen Längen am unteren Wasserrand aufgehängt.
Zum Schluß malen Sie noch ein paar Luftblasen ins Wasser, und schon kann der Schwimmspaß losgehen.

22. Clownsgesicht

Material:
- weißer Fotokarton
- rotes, blaues, schwarzes, gelbes und grünes Tonpapier
- roter Filzstift
- Bindfaden

Mit seinen Kulleraugen und seinem lustigen Lachen wird dieser Clown so manchen Bastler fröhlich stimmen.

Die Nase und den Mund fertigen Sie aus rotem Tonpapier an und fixieren sie. Bei der Augenpartie beginnen Sie gemäß der Abbildung mit dem großen, schwarzen Untergrund, kleben dann die blauen, inneren Augenteile auf, setzen die weißen Innenteile darüber und kleben zum guten Schluß den schwarzen Punkt auf. Fertigen Sie dann noch 4 Blumen aus gelbem und grünem Tonpapier an, und bringen Sie sie jeweils in der rechten, oberen Ecke des Clownsgesichtes an. Mit rotem Filzstift malen Sie die Verzierung am Hals.

23. Schornsteinfeger

Material:
- gelber und schwarzer Fotokarton
- rotes und rosafarbenes Tonpapier
- roter und schwarzer Filzstift
- Bindfaden

Basteln und verschenken Sie doch einmal einen Glücksbringer ganz besonderer Art! Fertigen Sie zunächst nach der Vorlage die Leitern an, und schneiden Sie die Grundkörper der Schornsteinfeger aus. Danach werden die Gesichter gemäß der Abbildung aufgeklebt und aufgemalt. Jetzt brauchen Sie nur noch die roten Herzchen anzubringen und die fertigen Männchen beliebig an der Leiter festzukleben oder anzuhängen. Viel Glück!

24. Villa Kunterbunt

Material:
- roter Fotokarton
- blaues und gelbes Tonpapier
- Bindfaden

In diesem farbenfrohen Häuschen läßt es sich gut leben.
Schneiden Sie je 8 Fenster und Türen aus blauem Tonpapier aus, und fixieren Sie sie auf dem Haus.
Fertigen Sie dann eine Sonne und 4 Blumen aus gelbem Tonpapier an.
Kleben Sie nun wie auf der Abbildung die Sonne auf ein Dachviertel und die Blumen an den Wiesenrand.
Und fertig ist Ihr kunterbuntes Zuhause.

25. Viel Glück!

Material:
- grüner und rosafarbener Fotokarton
- Filzstift
- Bindfaden

Für diesen Glücksbringer, den Sie auch prima verschenken können, benötigen Sie 4 rosafarbene Schweinchen, wobei Auge und Schwänzchen mit dem Locher ausgestanzt werden. Das kleine Nasenloch stanzen Sie am besten mit einer Lochzange aus, oder Sie malen es einfach auf. Jetzt können Sie die Glücksschweinchen am Kleeblatt aufhängen und sich an Ihrer fertigen Drehfigur erfreuen.

Dann steht Ihrem Glück nichts mehr im Wege!

ENGLISCH VERLAG

Bücher für Kreative

ISBN 3-8241-0644-2
Broschur, 32 S., Vorlageb.

ISBN 3-8241-0709-0
Broschur, 32 S., Vorlageb.

ISBN 3-8241-0613-2
Broschur, 32 S., Vorlageb.

ISBN 3-8241-0612-4
Broschur, 32 S., Vorlageb.

ISBN 3-8241-0772-4
Broschur, 32 S., 2 Vorlageb.

Lust auf Mehr?

Liebe Leserin, lieber Leser,

natürlich haben wir noch viele andere Bücher im Programm. Gerne senden wir Ihnen unser Gesamtverzeichnis zu. Auch auf Ihre Anregungen und Vorschläge sind wir gespannt. Rufen Sie uns einfach an oder schreiben Sie uns.

F. Englisch GmbH & Co Verlags-KG
Postfach 2309 · 65013 Wiesbaden
Telefon 0611/94272 - 0 · Telefax 0611/410665